AF226492

PROTESTATION

Dieppe, septembre 1871.

PROTESTATION

En mon Ame et Conscience et suivant toutes les preuves à l'appui, devant Dieu et à toutes les Personnes alliées composant ma famille, pour qu'elles soient Juges et qu'elles en préviennent définitivement et à jamais le retour, j'expose ce qui suit :

Attendu que j'ai passé vainement plus de *vingt ans consécutifs* à chercher une pacification à une Guerre qui m'est faite depuis que mes Tuteurs perdirent ma Fortune (Voir mes États de Service) ; que j'ai employé toutes les *formes de politesse*, de *patience* et de *conciliation* surhumaines par leur longueur, pour arriver à me mettre à l'abri du sévice le plus grand qui puisse atteindre un homme de cœur, c'est-à-dire de ce qu'on appelait Quarantaine au Collége, et ici de *l'Isolement ou rupture en masse de toute une nombreuse famille*, créé volontairement autour de lui, alors que j'ai été élevé dans les sentiments les plus religieux *au collége Royal de Louis-le-Grand* ;

1871

Attendu que si j'étais seul à Paris, à 120 lieues, cette action que je qualifierai d'épouvantable, m'a fait faire des pertes immenses d'argent (Voir mes États de Service), des pertes dans mes travaux de réflexion (Voir mes États de Service), m'a fait faire plusieurs graves maladies, a troublé mon repos, altéré mon bonheur et ma tranquillité, et que l'excitation à la haine et au mépris de moi près toute ma famille, ne pouvait réussir qu'à cause de la distance de 120 lieues qui nous séparait et dont on a abusé, en profitant des années où, par esprit de devoir, j'étais appliqué et rivé à la chaîne de mes travaux (Voir mes états de service imprimés) ;

Attendu que, depuis le mariage du duc de Gadagne, il semblait enfin que la paix avait été faite pour toujours, mais que depuis nos désastres si douloureux, depuis le 1er mars de cette année, loin de recevoir des invitations et des consolations, les sévices de solitude et de perte de toute ma famille me sont annoncés devoir être recommencés, comme pendant les vingt-cinq premières années. (Voir la lettre de mon parent fondé de pouvoir des autres, du 16 juillet 1871);

Attendu que l'Évangile dit : « *Toute Maison divisée contre elle-même périra* », et que l'isolement *prolongé et l'anémie,* dit Bossuet, sont mortels à l'homme ;

Attendu que, ce nonobstant, sans tenir compte de ces vérités, ce parent s'est cru en droit de pratiquer ce genre de sévices à mon égard (Voir le dossier de 150 lettres) ; qu'il en a pris la responsabilité, avec toutes Ses conséquences, ayant l'air de ne pas se douter que tout lui retomberait un jour sur la tête ; que si, encore, il n'avait agi que pour son propre compte, je lui eusse pardonné, mais qu'il s'est servi de la procuration de mes cousins pour en abuser en ce sens, puisque ceux-ci ont toujours suivi ses agissements ; qu'il s'est imaginé avoir droit à de pareils attentats, et, avec une ignorance de sa part qui m'a toujours rempli d'étonnement ; attendu, au contraire, que toutes personnes ont les mêmes droits en famille parmi les collatéraux dans leurs rapports fraternels ; que si, par une répugnance de modestie bien compréhensible, je ne lui ai fait part d'aucun article de mes états de service, ma parole sacrée seule devait lui suffire pour me faire respecter ; que si un beau jour, au début de ma carrière, il osa me déclarer qu'il n'avait pas de confiance en ma capacité, mes actes lui faisaient le devoir bientôt, avec bonne foi, d'avoir de toutes autres pensées sur moi. (Voir mes états de services et sa lettre.)

Attendu que je l'ai ménagé comme on ménage son propre frère ;

Atendu que je n'ai reçu ni soins ni invitations de ma famille aisée, s'adonnant à toutes les jouissances ; que je n'ai reçu que des paroles parfois douces ou calmantes, démenties aussitôt par des menaces d'une audace inouïe, comme de dire que si je ne cédais à ses volontés ruineuses, comme on le verra plus loin, je n'aurais plus de famille, menaces qui ont été suivies d'exécution, vis-à-vis de moi, habitué à être aimé profondément, même dans ma Cité Ouvrière ; moi qui sans ce parent, aurais en plus dans ma fortune des millions que je n'ai pas, et une femme accomplie que je n'ai pas (Voir mes états de services) ;

Attendu que si, dans les rapports sociaux ordinaires un tel caractère dominateur et audacieux en *est le dissolvant*, ce mauvais caractère, oserai-je dire, rompt les familles (Voir ses lettres multiples) ;

Lire sa correspondance de 1849 à 1858, particulièrement les lettres du 12 décembre 1851, 6 novembre 1852, 7 décembre 1852, 17 septembre 1857, 18 novembre 1850, 6 mars 1858 ;

Attendu qu'ayant toujours cherché à le calmer avec une persévérance si rare qu'on a bien peu d'exemples (lire ma correspondance), j'ai espéré en vain le ramener, et que j'aurais continué encore sans doute si mon âge ne me donnait le mandat impératif de m'occuper de moi ; que si ce qu'on appelle l'entêtement inconscient de même que la force brutale se laisse aux animaux, **chaque fois qu'un désaccord quelconque surgit ; il est de principe pour les honnêtes gens, de le faire juger à des per-**

sonnes désintéressées ; que l'honneur le veut, sans quoi la société se lapiderait. (Voir les lettres de lui, de tourments incessants, notamment celles prises au hasard du

Attendu que, connaissant les règles du respect de moi et des autres, je ne m'occupais pas de ses affaires même de ses habitations, qu'il vendait à moitié prix de revient ; où il a laissé voir son imprévoyance, tandis que savoir prévoir est toute la science des affaires, je ne lui en ai jamais ouvert la bouche ; — non plus que sur ses pertes fréquentes pour avoir refusé sa confiance à ceux qui la méritaient, et l'avoir accordée à ceux qui ne la méritaient pas ;

Attendu qu'une telle préoccupation d'esprit, un tel chagrin véritable se sont emparés de moi qu'après avoir fondé et organisé les plus heureuses créations qui eussent porté ma fortune, de belle que je l'ai faite, *à un chiffre fabuleux* (Voir mes états de services ci-annexés) ; que, recherché en mariage par presque toutes les familles de Paris, j'ai dû refuser d'année en année, jusqu'à trente-deux mariages, parce que je ne pouvais offrir délicatement ma vie de soucis à une jeune demoiselle riche et bien élevée (Voir les états de service de 1855 à 1868 ;

Attendu que c'est en vain dans ce quart de siècle que j'ai fait au moins quatre voyages à Cologne et qu'à peine y avais-je récolté les meilleures assurances d'estime, celles-ci étaient démenties aussitôt par l'oubli et des insinuations inqualifiables (Voir les lettres) ;

Attendu que plus j'ai employé de discrétion, de politesse, d'égards; si j'ai prolongé cette conduite avec une patience telle, sans la modifier, souffrant de l'isolement, jamais n'étant invité, ma sœur possédant une Campagne que je ne connais même pas de vue encore aujourd'hui, c'était pour être d'autant plus respecté et vénéré de ma famille, comme j'étais respecté dans le monde (Voir mes états de services) ;

Attendu que tous ces efforts que chacun jugera et qui marquent à quel point un homme peut demeurer grand; mais que plus je les ai faits, plus, j'en suis certain, j'en ai la triste preuve, plus j'ai été méconnu;

Attendu que le 8 du courant, par un fait qui couronne le tout, ce parent a osé penser me proposer à signer un acte qui prouve que ces sévices ne seraient pas finis, même maintenant, et devraient continuer pour la dernière partie de notre existence mutuelle (Voir l'acte) ;

Qu'il a eu l'audace de me menacer, si je ne l'acceptais pas, de m'éloigner encore de ma famille et rompre tous rapports, autrement dit se permettre de prononcer un véritable bannissement, ce qu'il a réalisé ;

Attendu que je suis à bout, que je n'en veux plus, que je veux jouir de mes droits en famille, que nul, sous peine de déshonneur et de honte, n'osera plus s'arroger à ma place ;

Attendu que par l'imprimé ci-joint, année par année de mes états de service, chacun peut voir ce que j'ai fait et dont les preuves sont déposées chez Me ....., notaire à Cologne ;

Attendu que, comme chacun peut le comprendre, sans y avoir passé, de tous les ennuis, la solitude imposée, sans aucunes nouvelles de sa famille, est le traitement certainement le plus méprisable ; que mon parent, malgré cent lettres de moi, douces et polies, a paru ne pas les comprendre ;

Attendu qu'un autre jeune homme sur le pavé de Paris, poussé par l'ennui, aurait pu se livrer à toutes sortes de désordres ; que M. Clerc, ami de mon père, ce voyant, me disait : « Mais pourquoi êtes-vous dans la solitude ? » — Que chacun s'est dit : Il faut que votre parent soit insensé, car la folie de la jalousie à ce point ne s'est jamais vue, on n'attaque pas ainsi un cousin dans son bonheur ;

Attendu que, d'année en année, plus ma position a grandi moins j'ai récolté la confiance et le respect de ce parent, sans que personne dans la famille ait eu le courage de s'y opposer ; que, comme avant mes états de services cette année, il vient de prendre plaisir à rire de nos malheurs, en me faisant perdre **sept mois** à échanger une correspondance de cinquante-quatre lettres (lire cette correspondance), pour la confection d'un bail de cinq ans ensemble que vingt fois par an je fais avec *des étrangers* en **trois heures**, le tout sans s'occuper que j'aurais pu en éprouver des embarras dans mes affaires (Voir le compte de famille imprimé, et cinquante-quatre lettres depuis le 1er mars 1871);

Attendu que plus j'ai récolté d'argent et d'honneurs, plus j'ai reçu de ma famille de Cologne des moqueries, avec des semblants de vertu, des défis, des bravades dérisoires, des procédés ridicules, d'insinuations (lire les lettres de 1871), lire le *Compte de Famille imprimé* dont j'ai eu la générosité de garder le secret longtemps et que j'aurais gardé toute ma vie sans la guerre civile et la guerre étrangère, compte d'honneur alors que l'honneur est un et qu'on est honnête ou on ne l'est pas.

Attendu que d'autres fois, avec une ignorance étonnante, lorsque j'ai réclamé contre cet abandon, il m'a été répondu que la *Famille est peu de chose, que les étrangers offrent plus d'agréments* dans leur fréquentation, tandis que les étrangers d'honneur vivent en famille, s'occupant peu des autres, qu'un tel raisonnement est le comble de l'ignorance et de l'oubli des sentiments de l'honneur;

Attendu que si quelqu'un a mérité le *bannissement*, ce n'est guère moi. Le bannissement! Se souvient-on que c'était une des plus grandes peines dans l'antiquité? Qu'on a vu les parents de criminels les aimer encore et personne ne les blâmer? Que l'isolement est une situation si fâcheuse qu'on l'abolit de jour en jour dans le système pénal des gouvernements?

Que Dieu lui demandera de comptes! Que, dans sa frivolité peut-être, il m'a fait un crime de ma force de volonté bien employée, tandis que ce n'est qu'avec une volonté pareille qu'on accomplit tant de choses pareilles (Voir mes états de service). Puisque encore, distrayant toutes questions d'intérêts qu'on fait juger par des tiers, est-on fondé à faire de la mauvaise humeur, des impolitesses, et commettre des actions odieuses?

Non, tout honnête homme se rapporte au jugement des autres. Le proverbe dit : *On n'a pas droit d'être juge et partie* ; et quand on n'est pas riche, ce n'est pas une raison d'agir autrement, et quand on l'est, peut-on avoir des haines de rage pareille?

Attendu que s'il n'est pas toujours d'accord dans son intérieur, dit-il, je ne devais pas en souffrir. Non plus que de cette haine aveugle et inconsciente, et de l'usurpation de droits en famille, qui appartiennent également à tous, non à un seul ; puisque encore une fois, voyant un caractère si exigeant, et pour obtenir plus que la paix, mais une reconnaissance affectueuse au suprême degré, je lui ai tout cédé dans toutes les questions d'argent, dans celle de 1849 où, mon oncle étant à peine décédé, il jugeait bon de me retirer la moitié des avantages à moi faits par lui, sans s'occuper de ce qui en résulterait pour moi, ce qui, à ce jour, m'a fait perdre 500,000 francs (Voir le compte) ; puisque depuis 1863 j'ai payé à ma mère 24,000 fr., dont elle n'aurait eu que faire, si mon parent, son gendre, avait fait son devoir complet vis-à-vis d'elle (Voir le compte de pension, proportionnel à la fortune et au loyer — Art. du Code civil 206) ;

Attendu que mon état moral !... quel doit-il être aujourd'hui ? Il ne sera difficile à personne de l'envisager, après toutes les pertes qu'on m'a fait faire. Je n'ai plus qu'une ambition, vivre paisible, et être utile à mon pays ;

Attendu que, distrayant de la famille en question **Monsieur Auguste**, d'abord, puis *MM. Charles et Edouard*, qui ont très-bien pu être grandement circonvenus et trompés dans cette affaire, mon parent, vu la distance, comme je l'ai déjà dit, de 120 lieues et mon assiduité à mes affaires, a pu facilement entraîner toute la famille qui m'aimait tendrement jusqu'en 1842 (Voir mes états de service) ;

Attendu que, n'étant pas heureux dans aucun des conseils qu'il avait la manie de vouloir me donner, incessamment, ces conseils qui ont tourné tous à sa Confusion, sans le rendre plus modeste, au grand étonnement de tout le monde; car on aurait pu croire, alors, qu'il les donnait exprès mauvais, mon parent, au lieu de me remercier, en a conçu une *jalousie* qui ne raisonne plus, comme je l'ai déjà dit ;

Attendu que *Ses conseils* (Voir le dossier de ses lettres) m'auraient un à un réduit à la misère, notamment dans la vente d'un office d'agent de change, dans ma cité ouvrière, que j'aurais vendue à vil prix, etc. (Voir ses lettres) et dernièrement je me serais rendu dans la Commune (Voir ses lettres à Londres), alors qu'on est venu me chercher à mon domicile, etc.;

Attendu que s'il est de mauvaise éducation de donner des conseils, c'est une énormité d'en donner de mauvais,

Attendu que celui qui ne comprend pas que l'un des premiers devoirs de l'homme, c'est **le sentiment de la famille et qu'alors s'il survient le moindre différend, celui-ci se tranche par le choix de plusieurs amis réciproques, faisant l'office d'arbitres, et ce sans bruit ;**

Attendu que par ce moyen, le seul équitable, subsistent une paix et une affection éternelles; qu'au contraire, c'est un acte d'homme de peu de bonne foi, et à cause des conséquences si graves, l'acte d'un Imprudent, d'un Orgueilleux et d'un Imprévoyant ; que celui qui ose tout, se met au-dessus de tout, ose proposer une rupture et l'exécuter surtout, ce qui est bien pis, commet une énormité ; que c'est cependant ce qui a été osé contre moi, non pas une fois, mais cent fois ; que cet orgueil insensé n'est pas justifié parce qu'on gagne de l'argent (Lire attentivement le Compte de famille imprimé) ;

Qu'au contraire *la Famille est sacrée*, etc. ; que si, étant le fils de l'homme à qui on doit tout, je devais être traité comme un excellent frère ; que je devais tôt ou tard révéler la vérité ; que je fus stupéfait de l'imprévoyance et de la frivolité ou de toute autre cause dont j'ai été la victime ;

Attendu que, d'ailleurs, j'ai vu à regret mon parent fréquenter des intrigants et des hypocrites journalistes de la pire espèce dont il a été finalement la dupe et qui seuls ont pu abuser de ses Sentiments et pervertir son jugement (Voir les lettres) ;

Attendu que, pour ma part, pénétré des plus hautes idées, je ne pouvais ni quitter mes travaux ni lutter d'abaissement et de flatterie avec ces gens, un homme de mon caractère ne s'abaissant jamais ; que ce parent m'a écrit : « Tu ne peux rien sur nous» (Voir la lettre);

Attendu que les réclamations que j'ai pu adresser à ce parent, dans l'héritage de mon oncle, réclamations si polies de ma part (Voir mes lettres), n'étaient qu'une pointe d'épingle dans sa fortune ; c'est alors que je me suis décidé à parler pour que la famille me rende justice ;

Attendu que je ne veux plus de ces querelles cherchées à chaque moment;

Que si je souffre de la solitude, ce fait odieux doit cesser dans une famille tenant un peu à la considération ;

Que le respect, la confiance et la politesse, les égards, les invitations sont *dus* en famille, surtout dans la nôtre, et que je les réclamerai ;

Pour ces motifs, en mon âme et conscience, devant Dieu et devant les hommes, n'y pouvant plus tenir, étant à bout, poussé par l'âge, voulant en prévenir à jamais le retour,

Je **Proteste** contre ce qui a été fait de Nuisible contre ma personne, d'Injuste ou d'Odieux, plaçant sur la Tête de leurs auteurs la responsabilité desdits actes, et je prie toutes les Personnes Honorables, composant de près ou de loin nos familles de Paris et de Cologne d'Intervenir ;

De décider que je Jouirai entièrement de mes Droits en Famille, m'y considérerai comme Invité, si même les distances m'empêchent de profiter de cette Invitation une fois faite ;

Que j'en recevrai des nouvelles, comme aussi je marquerai les mêmes égards à ma Famille.

Car Je Proteste encore ici, même devant Dieu, notre Sauveur tout-puissant qui punit ceux qui par un Orgueil et une Arrogance insensés ne s'humilient pas devant ses Commandements, font des guerres inhumaines pour le plaisir de les faire et surtout des guerres fratricides. Car encore, nous venons d'en avoir le plus cruel

exemple en France. C'est l'orgueil, le manque de Prin-
cipes, de Moralité, de Famille, de Religion, etc., qui
ont perdu la France. Et je me réserve le droit de
publier les présentes qui font suite à mes états de
services, Et au besoin *des Invitations nombreuses d'Amis
de Cologne*, amants de l'honneur, que j'y ai conservés
malgré mon absence prolongée, m'ont été faites parmi
les personnes les plus richēs et les plus notables, et je
retrouverais près de ces personnes le foyer de la famille.

Car la vérité est connue maintenant, comme elle le
sera à toute occasion et à l'annonce près de moi du
moindre désaccord futur.

Je prie ces mêmes personnes de décider à l'avenir
dans **tout différend présent, passé ou futur qui
renaîtrait**, car je le répète, je veux finir ma vie
honorée et paisible partout.

A compter de ce jour, et tant que je vivrai, ceci
étant le seul moyen préservatif de l'honneur de ma
famille, **toute discussion future quelconque qui
surgirait avec ma famille sera portée par moi
au jugement de la famille et des amis.**

Fait à Dieppe et à Paris, en octobre 1871.

Pour valoir ce que de droit.

B. E. DE JOËST.

IMPRIMERIE CENTRALE DES CHEMINS DE FER. — A. CHAIX ET Cie, A PARIS. — 8824-1.